Inhalt

Markenmanagement - ein Wettbewerbsvorteil?

Kernthesen

Beitrag

Fallbeispiele

Weiterführende Literatur

Impressum

GENIOS WirtschaftsWissen Nr. 11/2003 vom 28.11.2003

Markenmanagement - ein Wettbewerbsvorteil?

M.Sydow

Kernthesen

- Markenmanagement sollte nicht nur als eine absatzpolitische Gestaltungsaufgabe verstanden werden. (2), (6)
- Markenmanagement soll vielmehr entscheidende Führungs- und Entwicklungsprozesse im Unternehmen selbst gestalten. (6)
- Die Differenzierung der verschiedenen Markenprodukte über technische Details wird immer schwieriger, wodurch die Marke als Entscheidungshilfe an Bedeutung gewinnt. (3)

Beitrag

Im Markenmanagement werden alle Wertschöpfungsstufen die eine Marke betreffen verwaltet. Dies impliziert, dass Markenmanagement immer weniger als eine marketingtechnische Disziplin verstanden wird, sondern vielmehr als entscheidender Führungs- und Entwicklungsprozess im Unternehmen selbst zu betrachten ist. (2), (3)

Die Marke als Erfolgsfaktor

Marken sind mehr als nur die intuitive Positionierung des Produktes am Markt. Nicht nur das Image des Produktes ist entscheidend, sondern auch die Identität des Unternehmens die dahinter zum Ausdruck kommt. Letzteres wirkt sich sowohl auf die Wahrnehmung der Kunden in Bezug auf das Unternehmen als auch auf dessen Produkt aus. Eine positive Wahrnehmung steigert somit sowohl die Identität des Unternehmens als auch das Image des Produktes. Diese Faktoren werden zumeist separat behandelt, können innerhalb des Markenmanagements jedoch gemeinsam betrachtet werden. (2), (3), (7)

Markenführung wird inzwischen selbst im Sektor der Industriegüterherstellung weitreichend angewendet. Dennoch ist Markenführung noch eine sehr junge Disziplin, die in vielen Unternehmen erst seit kurzem Bestand hat. Beispielsweise in der Automobilindustrie ist das Markenmanagement erst wenige Jahre in der Unternehmensstruktur vorhanden. Grund für die Einführung eines Markenmanagements ist vor allem die Tatsache, dass Markenwerte den Unternehmenswert direkt steigern können, womit diese als Erfolgsfaktor nicht unbeachtet bleiben sollten.

Bernd Gottschalk, Präsident des Branchenverbandes VDA, betont die Notwendigkeit die Marke als vierten Produktionsfaktor neben Arbeit, Technik und Kapital einzuführen, weil gerade Marken das Vertrauen der Kunden beeinflussen. Denn die Marke vermittelt neben Marktauftritt, Werbung oder Design auch Werte, Identität und Kultur eines Unternehmens. Gerade im Hinblick auf die Loyalität der Kunden, sollten Identitätsprobleme eines Unternehmens nicht unbedacht und vorschnell mit einem verändertem Marktauftritt oder einer neuen Werbekampagne gelöst werden. Dies bestätigt auch eine Studie der Unternehmensberatung Mercer. Danach nimmt die Treue, beispielsweise von Autokäufern einer bestimmten Marke, stetig ab. (3), (4), (5), (6)

Die Bedeutung der Markenidentität

Hinter Marken stehen kognitiv-emotionale Vorstellungsbilder, die sowohl Mitarbeiter als auch Kunden beeinflussen. Die wesentliche Aufgabe des Markenmanagements liegt daher darin, die Vorstellungsbilder so zu beeinflussen, dass sie unternehmerisch gewünschte Inhalte und Ziele aufweisen. Dabei steht die Orientierung am Selbstbild im Vordergrund, das heißt wofür die Marke steht und in welche Richtung sie sich entwickeln soll.

Entgegen diesem theoretischem Ansatz steht in der Praxis bisher das Fremdbild im Vordergrund: Die Imagedimension bzw. das Markenimage determiniert nach wie vor die Vorstellungsbilder. Allerdings versperrt die Konzentration auf Imageaspekte den Blick für Marktentwicklungen. Durch die zunehmende Komplexität von Angeboten, beispielsweise im Bereich der Finanzdienstleistung, wird deswegen eine identitätsorientierte Markenführung immer wichtiger. (1), (6), (8)

Markenkommunikation als

wichtiger Bestandteil der Markenidentität

Da eine Produktdifferenzierung über technische Details, beispielsweise in der Automobilbranche, immer schwieriger wird, ist eine klare Markenkommunikation maßgeblich für den Erfolg. Eine Studie der Unternehmensberatung Mercer ergab, dass deutliche Defizite im Bereich der Effektivität und Effizienz von Kommunikationsaktivitäten festzustellen sind. Diese Kommunikationsdefizite deuten darauf hin, dass passende Planungs-, Steuerungs- und Controllinginstrumente in der Markenkommunikation noch unzureichend entwickelt sind. Dabei gilt als Hauptursache weniger die fehlende Beachtung der Imagewirkung, stattdessen liegt das Problem in Organisations- und Identitätsdefiziten. Letzteres vor allem impliziert, dass Markenmanager sich vermehrt von der Außenperspektive auf die Innensicht konzentrieren sollten, um die Identität der Marke deutlicher herauszuarbeiten. (3), (6)

Die Wichtigkeit und Bedeutung der Innensicht

Markenführung wird vielfach noch als reine Marketingaufgabe betrachtet. Dabei wird übersehen, dass die Wirkung von Marken weit darüber hinaus geht. Das heißt, dass die Marke nicht nur gegenüber dem Kunden eine Wirkung erzielt, sondern einen mindestens ebenso starken Effekt auf das Verhalten der Mitarbeiter im Unternehmen ausübt. Dabei ist die Außenwirkung auf Kunden häufig mit der Innenwirkung auf Mitarbeiter verstrickt, da Mitarbeiter die Schnittstelle zwischen Unternehmen und Kunden darstellen. Deshalb sollte Markenmanagement das gesamte Unternehmen mit einbeziehen. Denn Marken sollen Vorstellungsbilder oder Identitäten darstellen, die das Handeln sowohl der Kunden als auch der Manager beeinflussen. (6)

Unterschied zum bisherigen Markenmanagementansatz

Eine Reihe von wissenschaftlichen Abhandlungen der vergangenen Jahre weisen auf die Notwendigkeit hin, Abläufe des gesamten Unternehmens im Markenmanagement zu berücksichtigen. Hierbei müssen die Zusammenhänge zwischen Marke, Identität, Managementverhalten sowie Unternehmenskultur betont werden. Obwohl derartige Hinweise bekannt sind, werden sie in der

Praxis bis dato ungenügend umgesetzt. In den meisten Unternehmen gibt es zwar Unternehmensleitbilder oder Corporate Governance - Prinzipien. Diese bilden jedoch nicht die Grundlage für eine sinnvolle Verknüpfung der oben genannten Zusammenhänge und können so wenig zu Identitätsbildungsprozessen innerhalb des Unternehmens beisteuern. Diese fehlende Verknüpfung kann durch das so genannte Brand Governance wettgemacht werden. Dabei soll die Markenführungsaufgabe zum Gegenstand der Unternehmensführung gemacht werden und der Blick für die Innensicht gestärkt werden. (6)

Leitfaden zur Systematisierung des Markenmanagements

Das Institut für Marktorientierte Unternehmensführung der Universität Mannheim hat einen Leitfaden zur Überprüfung von Schwachstellen im Markenmanagement für Unternehmen entworfen. Dieser so genannte Branding-Excellence-Ansatz bietet eine Checkliste, die vier Bereiche enthält.

1. Zunächst wird innerhalb der Markenstrategie die Markenpositionierung und die Markenarchitektur

bestimmt. Die Markenpositionierung beinhaltet das Wesen der Marke. Die Markenarchitektur teilt die Marke beispielsweise als Dachmarke (auf Unternehmensebene) oder als Einzelmarke (auf Produktebene) ein. Ein erfolgreiches Markenmanagement bevorzugt eine einfache Markenarchitektur.

2. Der Markenauftritt ist die Vermittlung der Marke dem Kunden gegenüber. Diese beschränkt sich meist auf die Werbung, meint aber auch den Kontakt der Mitarbeiter mit dem Kunden.

3. Das Markencontrolling ermöglicht eine Markenerfolgsmessung, die für eine sinnvolle Steuerung der markenbezogenen Aktivitäten des Unternehmens notwendig ist.

4. Die Markenverankerung im Unternehmen soll klarstellen, ob das Markenmanagement klare Strukturen und Prozesse beinhaltet, wobei innerhalb des Unternehmens auch das Markenverständnis der Mitarbeiter von Bedeutung ist.

Eine empirische Überprüfung des BrandingExcellenceAnsatzes hat ergeben, dass Unternehmen, die die Kriterien des systematischen Markenmanagements befolgen, einen eindeutig höheren Markterfolg erzielen. (5)

Fallbeispiele

Die Deutsche Bank hat in den 90er Jahren eine Änderung der Werbestrategie im Markenmanagement angestrebt. Motiv dafür war, sich ein freundlicheres Image nach Außen zu verschaffen. Sowohl das Selbstbild der Mitarbeiter als auch das Fremdbild der Kunden verstärkten sich durch die Werbekampagne: Vertrauen ist der Anfang von allem. (6)

Ein Beispiel für eine mangelhafte Markenpolitik liefert der Automobilkonzern Opel. Die Unklarheit der Marke, die fehlende Emotionalität aber auch geringe Qualität hat zu erheblichen Verlusten geführt. Ein neues Vorstandsmitglied für die Marke und ein neues Design sollen Opel wieder Auftrieb geben. (2), (3)

Weiterführende Literatur

(1) Die Bedeutung der Marke für Finanzdienstleister aus Immobilien & Finanzierung - Der langfristige Kredit Nr. 22 vom 15.11.2003 Seite 786

(2) Hohe Priorität für Markenmanagement in der Autoindustrie
aus Frankfurter Allgemeine Zeitung, 08.09.2003, Nr. 208, S. 19

(3) Marken werden für Autobauer immer wichtiger
aus Bonner General-Anzeiger, 11.09.2003, S. 22

(4) Strahlkraft unter die Gürtellinie
aus Darmstädter Echo, 11.09.2003

(5) Marken sind auch für Industriegüteranbieter ein Thema
aus Frankfurter Allgemeine Zeitung, 11.08.2003, Nr. 184, S. 17

(6) Brand Governance Markenmanagement als strategische Führungsaufgabe
aus GDI_IMPULS 3/03, S. 44-50

(7) Lieber Edelmarke als Nobody Marketing
aus WirtschaftsBlatt, 28.10.2003, Nr. 1984, S. 232,33,34,35,36

(8) Einfachheit als Erfolgsrezept im Marketing
aus Frankfurter Allgemeine Zeitung, 03.11.2003, Nr. 255, S. 24

Impressum

Markenmanagement - ein Wettbewerbsvorteil?

Bibliografische Information der deutschen Nationalbibliothek

Die Deutsche Nationalbibliothek verzeichnet diese Publikation in der deutschen Nationalbibliografie; detaillierte bibliografische Daten sind im Internet über http://dnb.d-nb.de abrufbar.

ISBN: 978-3-7379-0155-0

© 2015 GBI-Genios Deutsche Wirtschaftsdatenbank GmbH, Freischützstraße 96, 81927 München, www.genios.de

Alle Rechte vorbehalten. Dieses Werk ist einschließlich aller seiner Teile – z.B. Texte, Tabellen und Grafiken - urheberrechtlich geschützt. Jede Verwertung außerhalb der Grenzen des Urheberrechtsgesetzes bedarf der vorherigen Zustimmung des Verlags. Dies gilt insbesondere auch für auszugsweise Nachdrucke, fotomechanische Vervielfältigungen (Fotokopie/Mikroskopie), Übersetzungen, Auswertungen durch Datenbanken oder ähnliche Einrichtungen und die Einspeicherung und Verarbeitung in elektronischen Systemen.